W0205865

Mein Rechtschreib-Regelheft

Grundwortschatz geordnet nach rechtschriftlichen Besonderheiten

Layout - Gestaltung: Robert Mayer

© pb-Verlag • 82178 Puchheim • 2008

ISBN 978-3-89291-**990-2**

Liebe Schülerin, lieber Schüler!

Mit diesem Arbeitsheft können Wörter nach ihren rechtschriftlichen Besonderheiten geordnet werden. Eine solche Anordnung hilft dir, Wörter mit der **gleichen Schwierigkeit** und **Reimwörter** schneller zu finden.

1. Ergänze diese Tabellen laufend mit bisher gelernten und neu hinzukommenden Wörtern!
2. Markiere jeweils die besondere Merkstelle durch farbiges Nachspuren, z.B. **mm, ck, ß!**
3. Unterscheide in der Tabelle **lang** und **kurz** gesprochene Selbstlaute!
   Setze unter den **kurz** gesprochenen Selbstlaut einen Punkt!
   Beispiele: Sonne, backen, Kind, Mutter, Hand, Klasse, Katze, Rücken
   Setze unter den **lang** gesprochenen Selbstlaut einen Strich!
   Beispiele: Jahr, Fuß, spielen, Weg, Nebel, Igel, Name, gehen, lesen
4. Achte auf Reimwörter!
   Markiere Reimwörter, die in einer Spalte der Tabelle stehen, mit der gleichen Farbe!
   Findest du noch ein weiteres Wort?

alle
Ball
allein
falls
Fall
Stall

Zur Bedeutung des Fehlers

Dazu ein paar aufklärende Erläuterungen: Aussagen wie „aus Fehlern lernen" verweisen auf die Bedeutung des Fehlers. Da man aus Fehlern lernen kann, ist das Fehlermachen sogar wichtig für das Lernen. Ein Fehler verweist auf eine für dich schwierige Stelle des Wortes. Er sagt dir: „Hoppla, da muss ich künftig genau aufpassen. Diesen Fehler darf ich nicht mehr machen." Du hast etwas (dazu)gelernt.
Nehmen wir zum Beispiel folgenden Satz:

Feler machen ist garnicht schlim.

Jetzt müsstest du in deine Fehler-Hitparade bzw. in den Fehler-Auswertungsbogen (siehe Innenseite des Rückenumschlags) eintragen.
| = 1 Strich in „Wörter mit Dehnungs-h" wegen „Feler" statt „Fehler"
| = 1 Strich in „Getrenntschreibung" wegen „garnicht" statt „gar nicht"
| = 1 Strich in „Wörter mit Mitlautverdopplung" wegen „schlim" statt „schlimm"
Wenn sich nun in deiner Fehler-Hitparade z.B. in der Abteilung „Dehnungs-**h**" einige Striche angesammelt haben, z.B. |||, dann sind entsprechende Gegenmaßnahmen fällig.
Beispiel:
Schlage im **Wörterbuch** oder deinem **Regelheft** nach. Du kannst dann feststellen:
Fehler kommt von dem Grundwort **fehlen**. Das **e** wird lang gesprochen, deshalb nach **e** ein **h**. Oft ist ja bei lang gesprochenem Selbstlaut vor **l**, **m**, **n** und **r** ein Dehnungs-**h**. Und dann gleich noch ein paar weitere Wörter zur Wortfamilie „fehlen": befehlen, Befehl, verfehlen, Verfehlung, fehlerlos, fehlerfrei. Vielleicht fällt dir noch das Reimwort „stehlen" ein, das die gleiche Schwierigkeit hat. Wenn du so oder ähnlich geübt hast, beurteile auch deine Arbeit heute.
☺ oder ⊕: gut gearbeitet = kein Fehler
☹ oder ⊖: war heute nichts, da noch fehlerhaft und unsicher. Weitere Übung notwendig.
Am besten machst du dann ein ⊖, weil das - ganz unsichtbar - schon am nächsten Tag zum ⊕ und damit zu einem Rechtschreiberfolg werden kann.

In diesem Sinne wünschen wir dir, dass du deine Fehler erkennst und diese berichtigst. Dann hast du gut gelernt.

Wörter richtig schreiben – wie geht das am besten?

Man kann den Grundwortschatz in drei Gruppen von Wörtern einteilen:

❶ Mitsprech- oder Hörwörter
❷ Nachdenk- oder Denkwörter
❸ Merkwörter

Je nach ihrer Art müssen diese Wörter besonders behandelt werden.
Dazu gibt es Tipps + Tricks. Sie helfen dir, wenn du nicht genau weißt, wie ein Wort geschrieben wird.

❶ Mitsprech- oder Hörwörter

Deutlich silbenweise (mit)sprechen

Es gibt viele Mitsprech- oder Hörwörter. Wenn du beim Schreiben oder Lesen diese Wörter ganz deutlich silbenweise mitsprichst, kannst du oft je-den Laut ge-nau hö-ren und schrei-ben.
Beispiel: Ent-schei-dung → Entscheidung, be-o-bach-ten → beobachten,
Tem-pe-ra-tur → Temperatur.
Bei gleich klingenden Wörtern musst du besonders gut aufpassen:
leider oder Leiter, Teich oder Deich, Gasse oder Kasse, spielen oder spülen.

Kurz- und lang gesprochene Vokale

Was kannst du bei folgenden Wortpaaren feststellen? **wen – wenn, Ofen – offen, ihm – im**

Unterscheide bei Wörtern, ob der Vokal **kurz** oder **lang** gesprochen wird.
Setze jeweils unter den **kurz** gesprochenen Selbstlaut einen Punkt!
Beispiele: Sọnne, bạcken, Kịnd, Mụtter, Hạnd, Klạsse, Kạtze, Rụcken
Setze unter den **lang** gesprochenen Selbstlaut einen Strich!
Beispiele: J<u>a</u>hr, F<u>u</u>ß, sp<u>ie</u>len, W<u>e</u>g, N<u>e</u>bel, <u>I</u>gel, N<u>a</u>me, g<u>e</u>hen, l<u>e</u>sen

Verdopplung von Mitlauten

Wenn beim Sprechen eine Silbe mit einem Mitlaut endet (We(t)-) und die folgende Silbe mit dem gleichen Mitlaut beginnt (-(t)er), dann wird dieser Mitlaut verdoppelt (We(tt)er).

> Sprich deutlich **silbenweise** mit! Das hilft oft schon, ein Wort richtig schreiben zu können.
> Auch eine Mitlautverdopplung kannst du hören.

❷ Nachdenk- oder Denkwörter:

Diese Wörter schreibst du anders als du sie sprichst. Durch Nachdenken kannst du dir aber selbst helfen, das Wort richtig zu schreiben.
Die wichtigsten Überlegungen und Strategien sind

1. Kann ich das Wort verlängern?
2. Wie heißt das Stammwort?

1. Das Wort verlängern

Bei gleich oder ähnlich klingenden Mitlauten am Wortende, z. B. b oder p, d oder t, g oder k kannst du oft nicht genau hören, wie es geschrieben wird. Hier kannst du dir meist jedoch helfen, indem du das Wort **verlängerst.**

So kannst du ein Wort verlängern und den Mitlaut besser hören:
1. Setze das Namenwort in die Mehrzahl: der Korb → die Kör**b**e, das Bild → die Bil**d**er
2. Steigere das Adjektiv: mild → mil**d**er, klug → klü**g**er
3. Setze das Verb in die Nennform (Infinitiv): er liebt → lie**b**en, du gehst → ge**h**en
4. Suche ein verwandtes Wort mit gleichem Stamm: kalt → die Käl**t**e, Gold → gol**d**ig

Ein weiterer Tipp: Trenne das verlängerte Wort. Du hörst dann den Mitlaut noch besser:
Kör-**b**e, Bil-**d**er, mil-**d**er, klü-**g**er, lie-**b**en, ge-**h**en, Käl-**t**e, gol-**d**ig

- **Setze das Nomen in die Mehrzahl (Plural!)**

b oder p ?

der Die?	die Diebe	Die-be	deshalb	der Dieb
der Urlau?	______	______	deshalb	______
der Lum?	______	______	deshalb	______

d oder t ?

der Aben?	______	______	deshalb	______
das Pfer?	______	______	deshalb	______
der Chris?	______	______	deshalb	______

g oder k ?

der Ta?	______	______	deshalb	______
die Fabri?	______	______	deshalb	______

- **Steigere oder verlängere das Adjektiv**

lau?	______	______	deshalb	______
star?	______	______	deshalb	______
fro?	______	______	deshalb	______

Bei Adjektiven mit den Nachsilben -**ig**, -**lich**, -**isch** kannst du das **g**, **ch** oder **sch** auch besser hören, wenn du das Wort **verlängerst** und **trennst:**
ein bil-li-**g**es Buch, ein herr-li-**ch**es Wetter, eine ko-mi-**sch**e Sache.

- **Setze das Verb in die Nennform (Infinitiv)**

er lo?t	loben	lo-ben	→	lobt	du ste?st	______	______	→	______
sie lä?t ein	______	______	→	______	sie ge?t	______	______	→	______

- **Suche ein verwandtes Wort mit gleichem Wortstamm.**

die Technik	Techniker	Tech-ni-ker	→	Technik
das Geschen?	______	______	→	______
der Kam?	______	______	→	______

2. Frage nach dem Stammwort

Mit welchem Wort ist es verwandt?

Beispiele → **Wort richtig geschrieben**

Das Wort	**kommt von**		**deshalb**
St?ngel	Stange	→	Stängel
schn?zen	______	→	______
aufw?ndig	______	→	______
nu?erieren	______	→	______
pla?ieren	______	→	______

Besonders häufig stellt sich die Frage nach dem Stammwort bei Wörtern mit ä und äu. (Vgl. S. 17)

Wort	**kommt von**	→	**deshalb**	**Wort**	**kommt von**	→	**deshalb**
R?der	Rad		Räder	H?te	______		______
schm?ler	______		______	h?fig	______		______
kr?ftig	______		______	tr?men	______		______

❸ Merkwörter

Diese Wörter schreibst du auch anders als du sie sprichst. Hier hilft aber ein Nachdenken meist nicht weiter. Mit mehreren **Wiederholungen** musst du dir sie so gut einprägen, dass du sie dir **merken** kannst.

Diese Wörter erfordern eine Sonderbehandlung.

Markiere bei diesen Wörtern die schwierige Stelle farbig und sprich dazu.

Beispiele:
- Zahl schreibe ich mit **„ah“.**
- Tee schreibe ich mit **„ee“.**
- Hexe schreibe ich mit **„x“.**

Mit solchen Hinweisen machst du dir deutlich, worauf es bei dem Wort ankommt und du wirst künftig mit dieser Problemstelle besser fertig.

Die Unterscheidung Hör-, Denk- oder Merkwort sagt auch aus, wie schwierig ein Wort zu lernen ist. Hörwörter sind leichter zu lernen als Nachdenkwörter und Nachdenkwörter leichter als Merkwörter. Bei Merkwörtern sind deshalb mehr Wiederholungen notwendig als bei den übrigen Wörtern. Die beste Methode bzw. der beste Weg, diese schwierigen Wörter in den Griff zu bekommen, ist die Arbeit mit einer eigenen Wörterkartei. Dazu erscheint im pb Verlag noch eine kleine Anleitung.

Wortbausteine erkennen und ganz ausschreiben

Die beiden wichtigen Überlegungen sind
- Aus welchen Wortbausteinen besteht das Wort?
- Jeder Baustein muss ganz ausgeschrieben werden.

Beispiele: Wegkreuz Laubbaum Verrat heimlich Kleinigkeit

Überlegungen:
Wegkreuz besteht aus den Bausteinen Weg + Kreuz. Jeder Wortbaustein muss ganz ausgeschrieben werden, deshalb: Wegkreuz. Besonders zu beachten ist die Nahtstelle **gk** → We**gk**reuz.
Laubbaum besteht aus Laub + Baum, deshalb Laubbaum. Besonders zu beachten ist das **bb** → Lau**bb**aum.
Verrat besteht aus der Vorsilbe Ver- und dem Wortstamm Rat, deshalb Ve**rr**at (mit **rr**).
Das Wort *heimlich* besteht aus Heim und der Nachsilbe -lich. Wörter mit der Nachsilbe l**ich** sind Eigenschaftswörter und werden kleingeschrieben, deshalb **h**eim**lich**.
Kleinigkeit besteht aus klein, der Nachsilbe -ig und der Nachsilbe -keit. Dazu kommt die Überlegung, dass Wörter mit der Nachsilbe -keit Namenwörter sind und großgeschrieben werden, deshalb: **K**lein**igkeit**

❺ Auf die Bedeutung des Wortes achten

Dies gilt für alle Wörter in allen Wortgruppen!
Bei gleich oder ähnlich klingenden Mitsprechwörtern musst du zusätzlich die Überlegung anstellen: Geht jemand durch die Gasse oder an die Kasse? Fußball wird nicht gespült, sondern gespielt. Man kann sich einen Rat geben lassen, aber nur auf einem Rad fahren.
Schwieriger wird's bei seid – seit.
Ihr _____ heute recht fleißig gewesen.
Unser Besuch ist _______ gestern hier.

Um dir den Unterschied klar zu machen, musst du die Überlegung anstellen:
„seid" ist eine gebeugte Form von sein → ihr seid
„seit" ist ein Verhältniswort (Präposition), das in einem zeitlichen Zusammenhang steht.
Es ist natürlich auch ein Unterschied, ob es um eine Seite (im Buch), Seide (eine Stoffart) oder Saite (beim Instrument) geht.
Solche unterschiedlichen Schreibweisen und ihre Bedeutung musst du einfach lernen. Mehrere Wiederholungen sind notwendig, damit du sie dir gut einprägen kannst. Lege dir unbedingt eine Liste an, auf der du solche Wortpaare notierst. (Vgl. S. 35)

1. Wörter mit doppeltem Mitlaut

Kommt nach einem **kurz** klingenden Selbstlaut (Vokal) nur **ein Mitlaut**, dann wird dieser meist **verdoppelt**.
Setze jeweils in der Tabelle unter den kurz gesprochenen Selbstlaut (S) oder Umlaut (U) einen Punkt.
Beispiele: Ball, kommen, Klasse, Mutter, offen, Sonne
Eine Verdoppelung unterbleibt, wenn verschiedene Mitlaute folgen,
z.B. Geld, Hemd, Rente, Mund, Obst, impfen, Durst.

Wörter mit ff

aff/äff	eff	iff	off/öff	uff/üff

Der doppelte Mitlaut (Konsonant) **ff** steht in diesen Wörtern immer nach einem **kurz** gesprochenen Selbstlaut (S) oder Umlaut (U).

Wörter mit ll

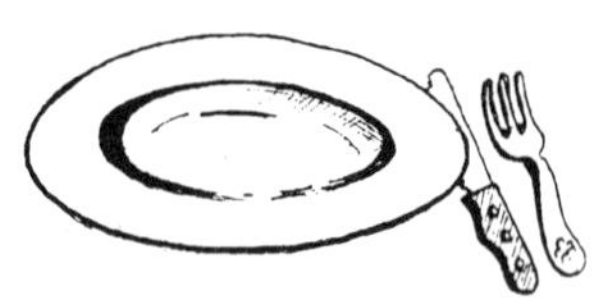

all/äll		ell	ill	oll/öll
				ull/üll
			oll	

Der doppelte Mitlaut **ll** steht in diesen Wörtern immer nach einem **kurz** gesprochenen Selbstlaut (S) oder Umlaut (U).

Wörter mit mm

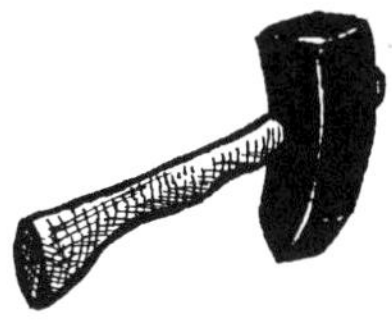

amm/ämm		imm	omm	umm/ümm
	emm			

Der doppelte Mitlaut **mm** steht in diesen Wörtern immer
nach einem **kurz** gesprochenen Selbstlaut (S) oder Umlaut (U).

Wörter mit nn

ann/änn	enn		inn	onn/önn
				unn/ünn

Der doppelte Mitlaut **nn** steht in diesen Wörtern
immer nach einem **kurz** gesprochenen Selbstlaut (S) oder Umlaut (U).

Wörter mit pp

app/äpp	epp	ipp	opp/öpp	upp/üpp

Der doppelte Mitlaut **pp** steht in diesen Wörtern immer nach einem **kurz** gesprochenen Selbstlaut (S) oder Umlaut (U).

Wörter mit rr

arr/ärr	err	irr	orr/örr	urr/ürr

Der doppelte Mitlaut **rr** steht in diesen Wörtern immer nach einem **kurz** gesprochenen Selbstlaut (S) oder Umlaut (U).

Wörter mit bb dd gg kk zz

bb	dd	gg	kk	zz

Die doppelten Mitlaute **bb, dd, gg, kk und zz** stehen in diesen Wörtern immer nach einem **kurz** gesprochenen Selbstlaut (S) oder Umlaut (U).

Wörter mit tt

att/ätt	ett	itt	ott/ött	utt/ütt

Der doppelte Mitlaut **tt** steht in diesen Wörtern immer
nach einem **kurz** gesprochenen Selbstlaut (S) oder Umlaut (U).

Und noch ein Tipp:
Wenn beim Sprechen eine Silbe mit einem Mitlaut endet (Wet-) und die folgende Silbe mit dem gleichen Mitlaut beginnt (-ter), dann wird dieser Mitlaut verdoppelt (Wetter).

2. Sonderfälle der Verdoppelung

Wörter mit ck *(ck steht für kk)*

ack/äck	eck	ick	ock/öck	uck/ück

Das **ck** steht immer nach einem **kurz** gesprochenen Selbstlaut (S) oder Umlaut (U).
Beim Trennen kommt das **ck** zur nächsten Silbe/zur neuen Zeile (Zu-**ck**er, ba-**ck**en).

Wörter mit lk nk rk

lk	nk	nk	nk	rk	rk

Nach einem Mitlaut steht nie ein **ck**. Häufige Mitlaute, nach denen nur ein **k** steht, sind **l**, **n** und **r**.
Nach **l**, **n** und **r** kein **ck** mehr.

Wörter mit tz (tz steht für zz)

   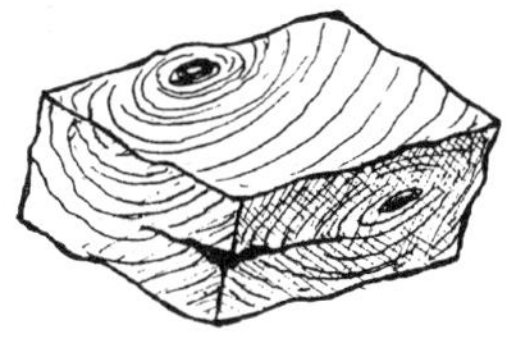 

atz/ätz	etz	itz	otz/ötz	utz/ütz

Das **tz** steht immer nach einem **kurz** gesprochenen Selbstlaut (S) oder Umlaut (U).

Wörter mit lz nz rz

lz	nz	nz	rz	rz

Nach einem Mitlaut steht nie **tz**, nur ein **z**. Häufige Mitlaute vor einem **z** sind **l**, **n** und **r**.
Nach **l, n, r,** das merke ja, steht nie **tz** und nie **ck**.

3. Wörter mit Dehnungen

Das Dehnungs - h

Sprichst du gedehnt ä,ö, ü und a,e,o,u, kommt häufig noch ein **h** dazu.

Setze jeweils in der Tabelle unter den lang gesprochenen Selbstlaut einen Strich.

10

ah/äh		eh/eih	oh/öh	uh/üh

Das Dehnungs - h steht meist vor **l**, **m**, **n** und **r**.
Das h kann auch **hörbar im Wort** zwischen **zwei Selbstlauten** (ge**h**en) oder **am Wortende** (fro**h**) stehen.

Wörter ohne h

a/ä	e	i	o/ö	u/ü

Wörter mit ie

Aa - Ee	Ff - Kk	Ll - Pp	R S Sch St	Tt - Zz

Wörter mit lang gesprochenem **i** werden meist mit **ie** geschrieben.

Wörter mit ier/ieren

ier	ieren		

Wörter mit ih und ieh

Von diesen Wörtern gibt es nur ganz wenige. Du musst sie dir gut merken.

ih	ieh		

Wörter nur mit i

Miniwörter	i			ine
dir				
Tiere				
Krokodil				

Die meisten Wörter mit lang gesprochenem **i** werden mit **ie** geschrieben. Viel weniger Wörter mit lang gesprochenem **i** werden nur mit **i** geschrieben. Es lohnt sich also, nur diese Ausnahmen zu lernen und den Rest mit **ie** zu schreiben.

Wörter mit aa / ee / oo

aa		ee		oo

Für Wörter mit **doppeltem Selbstlaut** gibt es keine Regel. Es gibt - sehr erfreulich - davon nur wenige, die du dir bestimmt merken kannst.

4. Wörter mit ss und ß

Wörter mit ss

 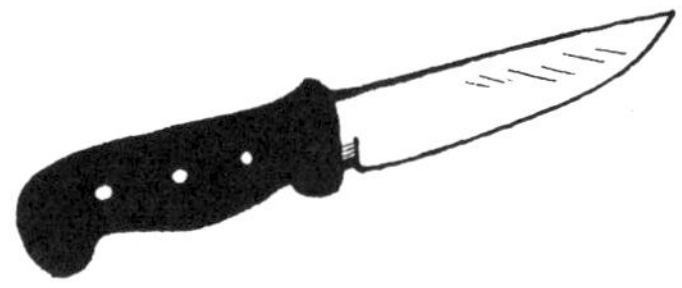 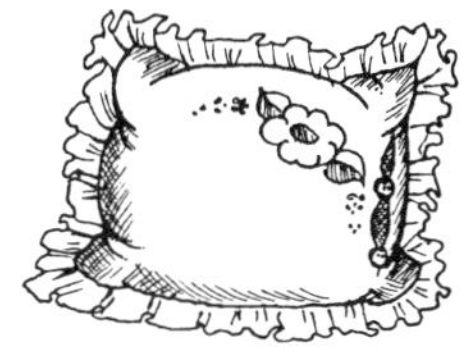 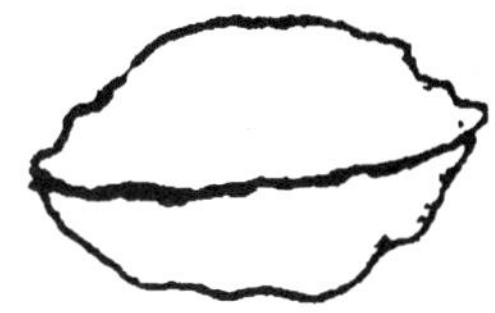

ass/äss	ess		iss	uss/üss
			oss/öss	

Vor einem **ss** (Doppel-s) steht immer ein **kurz** gesprochener Selbstlaut (Ṣ) oder Umlaut (Ụ).

Wörter mit ß

   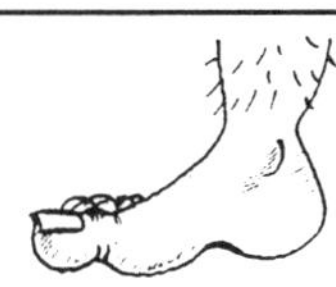  

aß/äß	ieß	oß/öß	uß/üß	auß/euß	eiß

Nach einem **lang** gesprochenen **Selbstlaut** oder einem Doppellaut (**au, ei**,...) steht oft ein **ß**.

5. Wörter mit weichem oder hartem Mitlaut am Wortende

b oder p, d oder t, g oder k am Wortende?

b, d und g am Wortende | **k, p und t am Wortende**

b	d	k lk, nk, rk, ik	t/st	Schwierige t-Endungen
				bst
				dt
				gst
g				
				kt
				pt
				xt
				zt
		p		

b oder **p**, **d** oder **t**, **g** oder **k**? Hilf dir selbst! Verlängere das Wort und du hörst es sofort.

So kannst du ein Wort verlängern:
Setze das Namenwort in die Mehrzahl: der Korb → die Kör**b**e, das Bild → die Bil**d**er
Steigere das Adjektiv: mild → mil**d**er, klug → klü**g**er
Ein weiterer Tipp: Trenne das verlängerte Wort. Du hörst dann den Mitlaut noch besser:
Kör-**b**e, Bil-**d**er, mil-**d**er, klü-**g**er.

6. Wörter mit gleich klingenden Selbst- und Doppellauten

Wörter mit **ä** - **ä** klingt wie **e**

Es gibt viele Wörter mit **ä**, die ein verwandtes Wort mit **a** haben. Dieses a-Wort ist dann das Grundwort oder das Stammwort.

Denke bei solchen Wörtern immer so:
Äste kommt von Ast → deshalb **Ä** (Äste = Mehrzahl von Ast)
Häschen kommt von Hase → deshalb **ä** (Häschen = Verkleinerung von Hase)
fährt kommt von fahren → deshalb **ä** (fährt = gebeugte Form von fahren)
Stängel kommt von Stange → deshalb **ä** (Stängel = Ableitung von Stange)
älter kommt von alt → deshalb **ä** (älter = Steigerung von alt)

Ich versuche immer das „a-Wort" zu finden und schreibe dann **ä**, wenn das Grundwort/Stammwort mit **a** geschrieben wird.

Es gibt aber auch ä-Wörter, zu denen es kein verwandtes Wort mit a gibt. Diese musst du dir gut merken.

Wörter mit **ä** (kein verwandtes Wort mit **a**)

Wörter mit **äu** - **äu** klingt wie **eu**

Es gibt auch viele Wörter mit **äu**, die ein verwandtes Wort mit **au** haben. Denke bei solchen Wörtern wie bei den ä-Wörtern.

Häuser kommt von Haus → deshalb **äu** (Häuser = Mehrzahl von Haus)
Bäumchen kommt von Baum → deshalb **äu** (Bäumchen = Verkleinerung von Baum)
läuft kommt von laufen → deshalb **äu** (läuft = gebeugte Form von laufen)
Gebäude kommt von bauen → deshalb **äu** (Gebäude = Ableitung von bauen)

Ich versuche immer das „au-Wort" zu finden und schreibe dann **äu**, wenn das Grundwort/Stammwort mit **au** geschrieben wird.

Bei einem eu-Wort gibt es kein verwandtes Wort mit au. Präge dir diese eu-Wörter gut ein.

Wörter mit **eu** (kein verwandtes Wort mit **au**)

Ich schreibe ein Wort mit eu, wenn es dazu kein verwandtes Wort mit au gibt.

Wörter mit **ai**, **y** und **fremdsprachliche Selbst-** und **Doppellaute**

ai klingt wie ei	y klingt wie i		fremdsprachliche Selbstlaute	

7. Gleich klingende Mitlaute

Der „f“ Laut: „f, v, pf, ph“

F f		V v Ver/ver Vor/vor		Pf/pf
				Ph/ph
				Physik

c oder ch klingt wie k

der Christ		

Der „ks“ - Laut

x		chs		gs - ks - cks
				Angst, Keks, Klecks

Wörter mit Th

Th am Wortanfang		th Im Wort	

8. Anders klingende Mitlaute

Sp wie Schp	St wie Scht	Qu/qu wie kw	z wie ts

Diese Mitlaute klingen anders als sie geschrieben werden.

9. Wortbausteine erkennen und richtig schreiben

① Der **Wortstamm** ist der **Hauptbaustein**

Ein Wort kann nur aus **einem** Baustein bestehen, z. B. Ball, Feld, stark, groß, drei.
Dieser eine Baustein ist dann auch gleichzeitig der **Wortstamm**, der wichtigste Teil eines Wortes.
Er ist der **Hauptbaustein** oder **Grundbaustein**.

Der **Wortstamm** ist der wichtigste Baustein eines Wortes.
Von diesem Hauptbaustein können mit Hilfe zusätzlicher Bausteine (z. B. **Endungen**, **Vorsilben** und **Nachsilben**) weitere Wörter **abgeleitet** werden.

② Wortzusammensetzungen mit **Endungen** (Baustein Wortstamm + Baustein Endung)

Endungen bei **Verben (Tunwörter)**

	Stamm	Endung	Stamm	Endung	eigene Beispiele	
Grundform	geh	en	arbeit	en		
ich	geh	e	arbeit	e		
du	geh	st	arbeit	est		
er/sie/es	geh	t	arbeit	et		
wir	geh	en	arbeit	en		
ihr	geh	t	arbeit	et		
sie	geh	en	arbeit	en		

Die Wir-Form (wir gehen), die Sie-Form in der Mehrzahl (sie gehen) und die Grundform (gehen) sind immer gleich. Es gibt deshalb nur 4 Verb-Endungen **e** **st** **t** **en** .

Endungen bei **Namenwörtern (Nomen)**

-er	-el	-en	-e	-t
Bauer	Flügel	Boden	Stimme	Fahrt

③ ***Wortzusammensetzungen*** *mit* ***Vorsilben***

Vorsilben sind Wortbausteine, die vor dem Wortstamm meist am Anfang des Wortes stehen. Sie verändern den Sinn eines Wortes. Es ist schon ein großer Unterschied, ob dir etwas **ge**fällt oder **miss**fällt (= nicht gefällt).

Die wichtigsten Vorsilben sind: **be- ent- er- ge- miss- un- ur- ver- zer-**

Wörter mit Be-/be-	Wörter mit Ent-/ent-	Wörter mit Er-/er-	Wörter mit Ge-/ge-	Wörter mit Miss-/miss-

Wörter mit Un-/un-	Wörter mit Ur-/ur-	Wörter mit Ver-/ver-	Wörter mit Zer-/zer-

④ **Wortzusammensetzungen** mit **Nachsilben**

Nachsilben bei **Namenwörtern (Nomen)**

-heit	**-keit**	**-nis**	**-schaft**	**-ung**
die Gesundheit	die Bitterkeit	das Erlebnis	die Freundschaft	die Beugung

Wörter mit den Nachsilben **-heit, -keit, -nis, -schaft, -ung** sind **Namenwörter**.
Namenwörter schreibt man **groß**.
Wörter mit **-nis**, **-schaft**, **-ung**, **-heit**, **-keit** schreibt man **groß** zu jeder Zeit.

Nachsilben bei **Eigenschaftswörtern** **(Adjektiven)**

Adjektive mit den Nachsilben **"-ig"**, **"-lich"** und **"-isch"** bestehen meist aus den zwei Bausteinen Wortstamm + Nachsilbe, wobei der Wortstamm häufig ein Nomen ist. Durch die Nachsilben **"-ig"**, **"-lich"**, **"-isch"** wird das Nomen zu einem **Adjektiv** und deshalb **klein**geschrieben.

-ig		**-lich**	

-isch	**-bar**	**-haft**	**-sam**

Bei den Eigenschaftswörtern mit **-ig, -lich, -isch** kannst du das **g, ch** oder **sch** besser hören, wenn du das Wort **verlängerst**.

	So kann ich das Wort verlängern:	
lusti(g)	ein lustiges Spiel ein lustiger Streich	→ lusti**g**
fröhli(ch)	eine fröhliche Runde ein fröhliches Gelächter	→ fröhli**ch**
prakti(sch)	ein praktisches Werkzeug	→ prakti**sch**

Nachsilben sagen dir, ob ein Wort **groß**- oder **klein**geschrieben wird.
Bei -heit, -keit, -ung, -nis, -schaft handelt es sich um Nomen.
Deshalb **Großschreibung**.

Bei -ig, -lich, -isch, -sam, -haft, -bar handelt es sich meist um Adjektive.
Deshalb **Kleinschreibung**.

⑤ *Wortzusammensetzungen mit Kurzwörtern*

Statt Vorsilben können auch kleinere Wörter (meist Verhältniswörter/Präpositionen) stehen.
Wichtige Kurzwörter:

> ab, an, auf, aus, bei, durch, ein, her, hin, mit, nach, über, um, unter, vor, zu, zurück, zusammen

Diese Kurzwörter werden auch als **Strukturwörter** bezeichnet, da sie den inneren Aufbau eines Satzes, also seine Struktur bestimmen. Ohne diese Kurzwörter geht es nicht. Sie machen etwa die Hälfte unseres Sprachgebrauchs aus. Deshalb: gut, gut lernen!
Auch als **Anfangsbausteine** von Wörtern sind sie besonders wichtig. Mit diesen Mini-Bausteinen am Anfang eines Wortes kannst du viele neue Wörter bilden.

Ab/ab	An/an	Auf/auf	Aus/aus	Bei/bei
Abreise	ankommen			

Durch/durch	Ein/ein	Er/er	Her/her	Hin/hin

Mit/mit	Nach/nach	Über/über	Um/um	Unter/unter

Vor/vor	Zu/zu	Zurück/zurück	Zusammen/zusammen

Erkenne die **Wortbausteine** eines Wortes und **schreibe jeden Baustein ganz aus.**
Achte dabei besonders auf aufeinander treffende Mit- oder Selbstlaute.
Beispiel: ve**rr**eisen, a**bb**rechen, b**ee**nden, Ro**hh**eit

⑥ *Wortbausteine finden und neu zusammensetzen*

Durch die Kombination nur eines Wortstammes mit verschiedenen Vor- und Nachsilben bzw. Endungen erhältst du eine Vielzahl neuer, abgeleiteter Wörter, die alle zu einer **Wortfamilie** gehören.

Bist du ein guter Wortbaumeister?
Kannst du die Bausteine so nebeneinander legen, dass jeweils ein Wort entsteht? Wie viele Wörter findest du? Ordne sie nach ihrer Wortart.

Vorsilbe Kurzwort	**Wortstamm**	**Endung Nachsilbe**
ab		en
durch		t
ent	setz	lich
fort		bar
ge		ung
über		

Namenwörter	Zeitwörter	Eigenschaftswörter
Fortsetzung	absetzen	entsetzlich

Suche zu zwei weiteren Wortstämmen Wörter, die eine Wortfamilie bilden.

Namenwörter	Zeitwörter	Eigenschaftswörter

Namenwörter	Zeitwörter	Eigenschaftswörter

10. Unregelmäßige Zeitwortformen

Achte immer darauf, ob der Selbstlaut kurz oder lang gesprochen wird.
Danach richtet sich die Schreibung des folgenden Mitlauts bzw. der folgenden Mitlaute.

Nennform	Gegenwart 1. Person	2./3. Person	1. Vergangenheit	2. Vergangenheit
backen	ich backe	du bäckst/backst	er backte/buk	hat gebacken
beginnen				
beißen				
biegen				hat gebogen
bieten				
bitten				
blasen			er blies	
bleiben				ist geblieben
brechen				
brennen	ich brenne			
bringen				
denken				
dürfen	ich darf			
empfehlen			er empfahl	
erschrecken				ist erschrocken
essen				
fahren			er fuhr	
fallen				
fangen				
finden				
fliegen				
fliehen				ist geflohen
fließen		es fließt		
fressen			er fraß	
frieren				
geben				
gehen				
gelingen				ist gelungen
gelten		du giltst		
genießen			er genoss	

Unregelmäßige Zeitwortformen

Nennform	Gegenwart 1. Person	2./3. Person	1. Vergangenheit	2. Vergangenheit
geschehen		es geschieht		
gewinnen				
gießen				hat gegossen
graben				
greifen				hat gegriffen
haben				
halten		du hältst		
hängen				
heben				
heißen				hat geheißen
helfen				
kennen				
klingen				hat geklungen
kommen				
können				
kriechen				ist gekrochen
lassen			er ließ	
laufen				
leiden				hat gelitten
leihen			er lieh	
lesen				
liegen				ist/hat gelegen
lügen			er log	
meiden				
messen				
mögen	ich mag			
nehmen			er nahm	
nennen				
pfeifen				
preisen				hat gepriesen

Unregelmäßige Zeitwortformen

Nennform	Gegenwart 1. Person	2./3. Person	1. Vergangenheit	2. Vergangenheit
raten				
reiben				
reißen				hat gerissen
reiten			er ritt	
rennen				
riechen			es roch	
rufen				
schaffen			er schuf	
scheiden				ist (aus)geschieden
scheinen				
schieben				
schießen			er schoss	
schlafen				
schlagen		du schlägst		
schleichen				
schließen				
schmeißen				
schneiden				
schreiben			er schrieb	
schreien				hat geschrien
schreiten				
schweigen				
schwimmen				ist geschwommen
sehen				
sein		du bist, er ist		
singen				
sinken				
sitzen				
sprechen				
springen				ist gesprungen

Unregelmäßige Zeitwortformen

Nennform	Gegenwart 1. Person	2./3. Person	1. Vergangenheit	2. Vergangenheit
stechen				
stehen				
stehlen			er stahl	
steigen				
sterben				
stoßen			er stieß	
streichen				
streiten				
tragen				
treffen		du triffst		
treiben				
treten				
trinken				
tun	ich tu(e)			
vergessen			er vergaß	
verlieren				
verschwinden				ist verschwunden
verzeihen			er verzieh	
wachsen				ist gewachsen
waschen				
weisen				
werden				ist geworden
werfen				
wiegen				
wissen				hat gewusst
wollen				
ziehen				
zwingen				

11. Großschreibung

Das erste Wort eines Satzes

Heute gehe ich ins Kino.
Wann kommst du morgen?

Das erste Wort einer wörtlichen Rede

Die Mutter sagte: „Mache zuerst deine Hausaufgaben!".
„Ich bin schon fertig", antwortete ich.

Das erste Wort einer Überschrift oder eines Buchtitels

Schon wieder ein Überfall
Der weiße Hai

eigene Beispiele:

____

____

____

____

____

____

____

Nomen/Substantive

Nomen (Substantive, Namenwörter) geben die Namen von Lebewesen (Menschen, Tiere, Pflanzen) und Dingen an. Nomen schreibt man groß. Zu jedem Nomen passt ein **Begleiter** (Artikel), der das **Geschlecht** angibt. (**der/ein** Mann, **die/eine** Frau, **das/ein** Kind)

männliche Nomen	weibliche Nomen	sächliche Nomen

Wörter mit Begleiter

Auch andere Wörter, vor denen ein Begleiter steht oder stehen könnte, werden wie ein Namenwort gebraucht und deshalb großgeschrieben.

Zeitwort mit Begleiter	Eigenschaftswort mit Begleiter	weiteres Wort mit Begleiter
das Spielen	der Alte	eine Sechs würfeln

Wörter mit Nachsilben **-heit**, **-keit**, **- nis**, **-schaft**, **-ung**

Wörter mit den Nachsilben **-heit, -keit, -nis, -schaft, -ung** sind **Nomen** und werden deshalb **groß**geschrieben.

-heit	-keit	-nis	-schaft	-ung

Wörter mit **-nis, -schaft, -ung, -heit, -keit** schreibt man **groß** zu jeder Zeit.

Großschreibung bei **Zeitangaben**- der Montag, am Sonntag, heute Abend

Zeitangaben in der Form eines Nomens schreibt man immer groß.
Vor ihnen steht oft ein Artikel (der/ein Sonntag) oder ein Verhältniswort (am Nachmittag).
Tageszeiten werden nach (den Umstandswörtern) **heute, gestern, morgen** großgeschrieben.

Sie und **Ihr** - Großschreibung beim höflichen Anredefürwort

Geben **Sie** mir bitte **Ihre** Handynummer! Finde zwei Beispielsätze.

Das höfliche Anredefürwort **Sie** und das entsprechende Fürwort **Ihr** schreibt man immer groß.
Das gilt für alle Formen von Ihr (Ihre, Ihres, Ihrem, Ihren, Ihnen).

12. Kleinschreibung

Alle Wortarten (außer Nomen)

Außer Namenwörter (Nomen) werden Wörter aller anderen Wortarten kleingeschrieben.

Verben	Adjektive	Weitere Wörter	

Alle Wörter, die **keine Nomen** sind, werden **klein**geschrieben.

du und **dein** - **Kleinschreibung** beim **persönlichen Anredefürwort**

Hast **du dein** Geld schon ausgegeben? Jetzt müsst **ihr euch** aber beeilen! Finde zwei Beispielsätze.

Das persönliche Anredefürwort **du** und das entsprechende Fürwort **dein** werden immer in allen Formen **(dir, ihr, euer, euch) klein**geschrieben. Das gilt auch bei Briefen.

13. Zusammenschreibung

Zusammengesetzte Nomen und Adjektive

Viele Wörter sind aus zwei oder mehr Wörtern zusammengesetzt.

Beispiel: Christ + Baum ➔ Christbaum (zusammengesetztes Nomen)
Riese + groß ➔ riesengroß (zusammengesetztes Adjektiv)
Auto + Bahn + Fahrt ➔ Autobahnfahrt (zusammengesetztes Nomen)

Wortzusammensetzung mit 2 Wörtern		Wortzusammensetzung mit 3 Wörtern und mehr	
Nomen	Adjektive	Nomen	Adjektive
		Autobahnparkplatz	fuchsteufelswild

Doppel- und **Dreifachlaute** bei **Wortzusammensetzungen**

Doppellaute			**Dreifachlaute**
Fahr**rr**ad	ach**tt**ausend		Be**ttt**uch / Be**tt-T**uch
			S**eee**lefant / S**ee-E**lefant

Bei zusammengesetzten Wörtern können zwei oder gar drei Mitlaute/Selbstlaute aufeinander treffen, die dann auch alle geschrieben werden müssen. Bei Dreifachlauten sind zwei Schreibweisen möglich: **Schifffahrt oder Schiff-Fahrt** (besser lesbar)

14. Getrenntschreibung

Auto fahren, Recht haben

Verbindungen aus einem **Namenwort** und einem **Zeitwort** werden **getrennt geschrieben.**

kennen lernen, spazieren gehen

Verbindungen aus einem **Zeitwort** und einem **Zeitwort** werden **getrennt geschrieben.**

so viel, wie viel, zu viel, gar nicht

so	wie	zu	gar
so viel			

Verbindungen mit **so, wie, zu** und **gar** werden **getrennt geschrieben.**

15. **Trennung** von **Wörtern** am **Zeilenende**

Trennung nach Sprechsilben

ein Mitlaut		zwei Mitlaute		drei Mitlaute
ba-den	A-bend	fin-den	fal-len	imp-fen
		Höh-le	Küs-te	Fens-ter

Die Worttrennung erfolgt nach Sprechsilben. Der **eine** oder der **letzte Mitlaut** kommt zur nächsten Silbe bzw. auf die neue Zeile. Ein Selbstlaut kann auch alleine abgetrennt werden.

Trennung bei ck, ch und sch

ck		ch		sch	
ba-cken		su-chen		Du-sche	

ck, **ch** und **sch** gelten als **ein** Mitlaut und werden deshalb nicht getrennt.

Trennung - zwei Möglichkeiten

Kurzwörter		Fremdwörter			
hin-aus		mag-netisch		Feb-ruar	
hi-naus		ma-gnetisch		Fe-bruar	

16. Wörter mit verschiedenen Bedeutungen (Teekessel-Wörter)

Diese Wörter haben zwei (oder mehr) verschiedene Bedeutungen. Mit ihnen kannst du „Teekessel“ spielen. Bei diesem Ratespiel gehen zwei Spieler aus dem Zimmer hinaus und vereinbaren ein solches doppeldeutiges Wort, z.B. Birne.

Der erste Spieler: „*Mein Teekessel hat eine Schale*“
Der zweite Spieler: „*Mein Teekessel besteht aus Glas*“

Die übrigen Spieler versuchen das Wort zu erraten, dürfen dabei aber keine Fragen stellen. Wenn es noch zu schwierig ist, sind weitere Hinweise nötig.

„*Mein Teekessel hat einen Stiel, kann man essen,...*“ usw.
„*Mein Teekessel hat eine Fassung, kann leuchten,...*“ usw.

Wie viele Teekesselwörter findest du?

die Bank	Sitzgelegenheit Geldinstitut		

17. Gleich klingende Wörter mit unterschiedlicher Schreibweise
Rad - Rat, malen - mahlen, seid - seit

Es gibt viele Wörter, die man **gleich** spricht, aber **unterschiedlich** schreibt.
Wenn du ein Wort eines solchen Wortpaares schreibst, dann frage dich immer:

malen

oder

mahlen

Wenn du so vorgehst, wirst du auch das Wort richtig schreiben. Bilde kleine Sätze, die jeweils die unterschiedliche Bedeutung aufzeigen. Oft hilft auch ein verwandtes Wort weiter.

?	Kleiner Satz	Verwandtes Wort
malen	Ich male dir ein schönes Bild.	Maler
mahlen	Der Vater mahlt den Kaffee.	Mehl

?	Kleiner Satz	Verwandtes Wort
Ende oder Ente	Alles hat ein Ende - nur die Wurst hat zwei. Die Ente ist ein Wasservogel.	endlich Ententeich

Gleich klingende **Kurzwörter**
Diese wichtigen Minis darf ich nicht miteinander und mit anderen Wörtern verwechseln.

?	Kleiner Satz oder Wortgruppe
bis oder Biss	bis später, fünf bis zwölf der Biss des Hundes
den oder denn	
im oder ihm	
in oder ihn	
ist oder isst	
fast oder fasst	
ganz oder Gans	
man oder Mann	

?	Kleiner Satz oder Wortgruppe
das oder dass	das Heft ich glaube/hoffe, dass ...
mehr oder Meer	
seid oder seit	
viel oder fiel	
war oder wahr	
wen oder wenn	
wieder oder wider	
wird oder Wirt	

Damit ich gleich klingende Wörter nicht miteinander verwechsle, achte ich genau auf ihren **Sinn**. Was ist mit dem Wort gemeint?